AF235482

Fertig werden

Von Frank Kralemann

Buchbeschreibung:

In diesem Buch geht es ums Fertig werden. Die vielen Dinge die man im Kopf hat abschliessen.

Klarheit schaffen und Platz für neue Projekte.

Leben muss gestaltet werden, dieses Buch soll Ihnen dabei helfen ihre Ziele zu verwirklichen.

Über den Autor:

Frank Kralemann hat schon viele Bücher über die Themen Ziele und Zufriedenheit geschrieben. Ausserdem gibt er Workshops für Autoren.

Fertig werden

von der Kunst Dinge abzuschliessen

von Frank Kralemann

Herstellung und Verlag:
BoD - Books on Demand
Norderstedt

1. Auflage, 2021

© 2021 Alle Rechte vorbehalten.

Herstellung und Verlag: BoD - Books on Demand, Norderstedt

ISBN: 9783752661095

Fertig werden

Von der Kunst Dinge abzuschließen

Einleitung

Lieber Leser, danke das Sie dieses Buch gekauft haben. Wussten Sie, dass vielmehr Dinge angefangen werden, als abgeschlossen werden? Es ist relativ einfach, etwas anzufangen, doch sobald Schwierigkeiten auftreten, hören die meisten Menschen einfach auf. Dabei sind doch gerade Schwierigkeiten eine Chance sich weiter zu entwickeln. Stellen Sie sich vor, Sie wären als Kind in eine Bahn gesetzt worden, die ohne Schwierigkeiten durch ihr Leben laufen würde. Berufswahl, Job Partnerschaft, alles wäre kein Problem. Wo wäre denn dann der Ansatz sich weiter zu entwickeln. Wie viele unvollendete Bücher, liegen in den Schubladen. Als ich einen VHS-Kurs für angehende Autoren hielt, berichteten die meisten Teilnehmer, dass sie schon ein Manuskript fertig hatten. Es fehlte aber der Mut, es zu veröffentlichen. Ca 80% der Neujahrsvorsätze werden nicht umgesetzt, wenn überhaupt nur zaghaft angefangen und dann aber sofort wieder auf der Wiedervorlageliste „Neujahrsvorsätze" des nächsten Jahres gesetzt. Wer nie vollendet, was er anfängt, bleibt immer, dort wo er ist. Genau darum geht es in diesem Buch, Dinge abzuschließen, zu „finishen" wie man im Laufsport sagt. Dinge endgültig zu erledigen macht stolz und stärkt das Selbstgefühl. Wie soll man sich auch selbst vertrauen, wenn man nicht die Dinge erreicht, die man sich selber vorgenommen hat? Wer nichts abschließt, führt ein Leben, das Stückwerk ist. Viele Menschen denken auch, es wird sich irgendwann ergeben. Nichts wird sich ergeben, wenn man selbst sich nicht bewegt. Man kann aber auch auf das Leben warten, leider wartet das Leben nicht, sondern der richtige Augenblick ist immer jetzt. Wann auch sonst? In diesem Buch lernen Sie, warum es besser ist, sich kleine Ziele zu setzen. Wie sie die nötige Zeit finden, an ihrem Projekt zu arbeiten oder zu trainieren. Ich zeige Ihnen häufige Denkfehler, und wie sie damit umgehen können. Wenn Sie dieses Buch durchgearbeitet haben, werden sie in der Lage sein ihre Ziele abzuschließen.

Alles, was sich vorgenommen haben, aber nicht abgeschlossen haben, ist in ihrem Kopf. Lauter lose Enden von angefangenen Vorhaben. Das blockiert, nimmt jede Menge Speicherplatz und macht sie unzufrieden. Arbeiten Sie sukzessive alle offenen Vorhaben ab. Oder treffen Sie die Entscheidung, diese Dinge nicht mehr zu verfolgen. Schaffen Sie Ordnung, in ihrem Leben und in ihrem Kopf.

Es ist so, dass wir selber das Aufschieben gelernt haben. Wenn wir aufschieben, verspüren wir eine Erleichterung. Zunächst ist da ein Gefühl, wenn man sich eine Sache vorgenommen hat. Positiv oder negativ. Über positiv brauchen wir nicht zu reden, wenn das Gefühl negativ ist, wollen wir es vermeiden. Wir spüren die Anstrengung, obwohl wir sie vielleicht noch nie erlebt haben. Wenn das Gefühl da ist, kommen die passenden Gedanken automatisch. Wir werten das Ziel, dass es mit der Handlung zu erreichen gilt, ab. Und bevorzugen dafür die Erleichterung, die wir durch eine andere Handlung im jetzt empfinden. Alles, was wir an negativen Gedanken zu der Handlung die wir nicht ausführen haben, stammt von uns selbst. Laufen ist einfach nur laufen, schreiben, ist einfach nur schreiben. Es sind Worte. Symbole für Handlungen. Alles an negativen Gefühlen und Gedanken haben wir dazu konstruiert. Viele Menschen laufen sehr gerne, und es gibt Menschen, die sind beim Schreiben gar nicht mehr zu bremsen. Es gibt sogar Menschen die räumen gerne auf. Es ist immer eine Frage der Bewertung, die sie den Dingen geben. Wie schon die alten Stoiker in Griechenland sagten: es sind nicht die Dinge an sich, die uns Sorgen machen, sondern die Bedeutung die wir Ihnen geben. Wie wir über das jeweilige Handeln und Ziel denken. Wir haben die Wahl. Wie Viktor Frankel mal sagte: Der Spalt zwischen dem Ereignis und unserer Reaktion, das ist unsere Chance, die müssen wir nutzen.

Warum ich dieses Buch schreibe. Ich selber habe auch hin und wieder Probleme mit dem Aufschieben. Ich finde schade, dass Menschen ihre Potenziale nicht entwickeln können, weil sie sich selbst immer wieder selbst behindern. Ich hoffe, Ihnen mit diesem Buch eine Anleitung zu geben, und eine Hilfe um in ihrem

Leben voranzukommen. Ein Leben das endlich ist und immer mit Totalschaden endet, muss geplant und aktiv gelebt werden. Das Leben fragt uns, welchen Sinn wir ihm geben wollen. Man kann sein Leben natürlich auch einfach so ableben. Aber welchen Sinn würde es dann machen?

Gestalter oder Erdulder

Es gibt Menschen, die orientieren sich an ihrer Lage, bleiben oft darin und dann gibt es Gestalter,die versuchen ihr Leben selbst in die Hand zu nehmen. Ein lageorientierter Mensch sucht oft nach Entschuldigungen für sein nicht Handeln. Auch nach Menschen, denen es auch so geht wie Ihm. Während ein lageorientierter Mensch nach Problemen sucht, findet ein Gestalter Lösungen. Ein Erdulder denkt, es werde schon irgendetwas passieren, ein Gestalter macht etwas. Ein Erdulder sucht einen Schuldigen, damit er die Verantwortung abgeben kann, irgendetwas fällt ihm immer ein. Für ihn ist das Leben schwierig, während ein Gestalter überall Chancen sieht, findet der Erdulder überall Probleme. Daraus resultiert bei ihm Angst vor Veränderung, während der Gestalter weiß, dass Veränderung zum Leben gehört und gestaltet werden kann und sollte. Erkennen Sie den fundamentalen Unterschied der beiden Charaktere, entschließen Sie sich für die richtige Seite. Machen Sie lieber, anstatt auszuhalten. Übernehmen Sie die Verantwortung, für alles, was Ihnen in ihrem Leben begegnet. Sie sind Objekt und Subjekt in ihrem kleinen Lebensspiel. Solange sie nicht die Verantwortung übernehmen, können Sie auch nicht zum Gestalter werden.

Wer ernten will, muss säen

Für alles, was man im Leben haben will, muss man einen Preis bezahlen. Diesen Preis muss man zumeist im Voraus bezahlen. In unserer Gesellschaft wird uns suggeriert, wir könnten alles ohne Anstrengung bekommen. Das ist natürlich ein Irrtum. Erfolg kommt von folgen. Kausalität braucht eine Ursache. Wer etwas von der Welt will, muss etwas in die Welt hinaus bringen. Oder ganz einfach: Von nichts, kommt nichts! Zunächst ist die Idee, dann kommt eine Entscheidung. Danach dann das Tun und wenn man Glück hat danach der Erfolg oder die Belohnung. Wobei die Anstrengung garantiert ist, die Belohnung allerdings zweifelhaft. Da hilft nur positives Denken und die Hoffnung. Menschen müssen immer nach vorne gehen, wer still steht entwickelt sich zurück. In der Bewegung und aus der Bewegung kann man dann handeln und auf ein positives Ergebnis hoffen. Was ich damit sagen will, ist, es fällt nichts vom Himmel, sondern muss immer hart erarbeitet werden. Wenn Sie bereit dazu sind, lesen Sie weiter.

Treffen Sie eine Entscheidung

Am Anfang jeder geplanten Tätigkeit steht eine Entscheidung. Sie haben dieses Buch gekauft, weil Sie sich eine Verbesserung ihres Lebens wünschen. In einem Bereich sind Sie blockiert, kommen nicht weiter. Vielleicht haben Sie auch irgendwann angefangen zu schreiben, oder Sie wollten einen Halbmarathon laufen. Sie haben das Projekt gestoppt, aber es ist immer noch in ihrem Kopf. Treffen Sie jetzt die Entscheidung, ihr Projekt wieder aufzunehmen und in einer für Sie passenden Form zu beenden. Eine Entscheidung zu treffen schafft Klarheit, allerdings hat jede Entscheidung einen Preis, der schon in dem Wort begründet liegt „Scheiden" bedeutet trennen von allen anderen Optionen.

Entscheidungen treffen heißt auch Prioritäten für das zukünftige Handeln festlegen. Überlegen Sie darum genau, welches ihrer Ziele Sie verfolgen möchten. Übrigens ist keine Entscheidung auch eine Entscheidung, dafür, dass alles so bleibt, wie es jetzt ist. Wollen Sie das wirklich? Ich hatte mal einen Kollegen, der wollte sich von seiner Frau trennen. Das erzählte er jedenfalls jahrelang. Eines Tages war er getrennt, aber nicht weil er sich getrennt hatte, sondern weil sie ihn vor die Tür gesetzt hatte. So ist das mit Entscheidungen. Wer nicht selber entscheidet, über den wird entschieden.

Anfangen ist einfach

Angefangen werden viele Dinge, nur nicht abgeschlossen. Die meisten Projekte werden nach ein paar Tage aufgegeben. Denken Sie nur an die vielen passiven Mitglieder in den Fitnessstudios. Am Anfang waren Sie Feuer und Flamme. Kauften sich Laufschuhe und Funktionskleidung. Meldeten sich im Studio an. Doch nach einigen Tagen verfielen Sie wieder in ihren alten Trott. Es war ihnen zu anstrengend, ins Studio zu fahren und Sport zu treiben. Ihre Fitness war ihnen egal, wenn man sich ihr Handeln angesehen hat. Menschen suchen sofortige Belohnung.

Wie viel Musikinstrumente wurden nur ein paarmal genutzt, wie viel Heimtrainer verrotten in den Kellern. Wie viel Dinge werden hergestellt und nie genutzt, weil ihre Besitzer sich nicht aufraffen können, Sie zu benutzen. Besser wäre es nicht ständig neue Wünsche zu haben, sondern die alten Wünsche und Vorhaben endlich zu verwirklichen. Allerdings ist es einfacher, etwas Neues anzufangen.

Um abzuschließen muss man sich anstrengen, zum Anfangen reicht es, einen Vorsatz zu haben und eventuell einen Kauf oder eine Mitgliedschaft abzuschließen.

Ihr Tag ist voll

Bei den meisten Menschen die im Berufsleben stehen ist der Tag voll. Ihre Aufgabe für ihr zukünftiges Ziel ist es, entweder eine Zeitlücke zu finden, oder einen Tausch von nicht wertvollem Zeitvertreib mit Projektzeit. Oft lässt sich auch eine Lücke finden und man kann Tätigkeiten tauschen. So ist es bei mir, immer wenn ich im Alltagslauf eine Lücke habe, nutze ich die Zeit zum Schreiben. Zusätzlich schau ich abends kein Fernsehen mehr und nutze diese Zeit zum Schreiben.

Es gibt immer eine Möglichkeit, wenn man wirklich sucht. Analysieren Sie ihre täglichen Handlungen, wenn man weiß, dass der durchschnittliche Deutsche täglich 4 Stunden fern sieht, gibt es schon viele Möglichkeiten. Ganz zu schweigen wie viel Zeit man mit online Diensten vertut. Nutzen Sie tote Zeit, um zu handeln, schlafen sie weniger und arbeiten Sie mehr. Wenn man sich seinen täglichen Tagesablauf so ansieht, gibt es immer wieder Zeiten, die man sinnlos vertut. Mit Anrufen, die nicht nötig sind, mit Nachrichten schreiben etc. pp. Wer wirklich sucht, findet auch die Lücke oder schafft sie sich.

Verbringen Sie ihre Zeit, um am Projekt zu arbeiten.

Konzentration

Konzentration bedeutet ihr Denken und ihre Ressourcen auf einen Punkt zu lenken, ihr Ziel.

Die meisten Menschen verzetteln sich. Sie sind nicht bei sich, geschweige denn bei der Verwirklichung ihrer Ziele. Sie fangen zu viele Dinge an, ohne etwas davon zu Ende zu bringen. Sie vertun ihre Zeit mit sinnfreien Tätigkeiten. Dabei ist die Zeit doch das kostbarste, was wir haben. Alle anderen Ressourcen wie Geld, Energie, materielle Dinge kann man ersetzen. Nur nicht die Zeit. Einmal vergangen kann man sie nie wieder zurückholen. Was bereuen denn Menschen kurz vor ihrem Lebensende am meisten? Nicht mehr gemacht zu haben natürlich, nicht mehr gelebt zu haben. Sich nicht mehr getraut zu haben. Schade. Ich denke, ein Leben, das immer mit einem Totalschaden endet und das garantiert, sollte gestaltet werden. Man kann seine Zeit natürlich auch ableben, einfach so.

Dann hat man aber keine Chance, die Dinge in sein Leben zu holen, die man gerne möchte. Partnerschaft, Erfolg im Job, sportliche Erfolge, alles was das Leben schön macht. Es sei denn man vertraut auf den Zufall, da kann man bekanntlich lange drauf warten. Wer konzentriert ist, bleibt bei der Sache und bringt sein Projekt zu Ende. Es gibt keine Ausreden für einen selber.

Dranbleiben

Ein Boxer hat einen Kampf erst verloren, wenn er aufgibt oder K.O. geschlagen wird. Solange er immer wieder aufsteht, geht der Kampf weiter. Ein Marathonläufer kommt erst nach 42 km ins Ziel. Vorher war er nur ein Läufer, die 42 machen ihn zu einem Marathonläufer. Nur wer durchzieht, nicht aufgibt, kommt im Leben weiter. Das ist in allen Dingen so. Darum schlägt Ausdauer auch Intelligenz.

Durchziehen ist eine Eigenschaft die erfolgreiche Menschen von den normalen Bürgern unterscheidet. Sie stehen wieder auf. Auch wenn Sie vermeintlich scheitern, ist das in ihren Augen nur eine Lernerfahrung. Sie machen dann mit etwas anderem weiter.

Stellen Sie sich vor Sie wären als Kind auf ein Gleis gesetzt worden, auf das Sie ohne Schwierigkeiten durch ihr Leben fahren könnten. Wo wäre denn dann für Sie ein Ansatz für Lernen. Wo könnten Sie auf dieser Fahrt Kompetenzen erwerben, wenn es keine Schwierigkeiten die Sie meistern könnten, gibt. Nur indem man Schwierigkeiten überwindet, kann man sich selbst beweisen und es ist auch eine Basis für ein gutes Selbstwertgefühl.

Natürlich ist Dranbleiben anstrengend. Der Boxer möchte vielleicht lieber liegen bleiben, doch dann wäre der Kampf verloren. Der Läufer, der immer nach 30 km den Lauf abbricht, wird nie einen Marathon laufen. Es kann auch Schmerzen verursachen, wenn man seine Ziele erreichen will. Für alles muss man eben einen Preis bezahlen. Für Nichtstun und Unterlassen allerdings auch. Einen sehr hohen Preis übrigens. Dranbleiben kann auch bedeuten, immer wieder anzufangen. Ob es das Lauftraining oder das Buchschreiben ist. Viele Menschen, die ich kenne, sagen sich, wenn Sie einmal etwas versucht haben, das nicht geklappt hat, das ist nichts für mich. Dann unterlassen Sie sämtliche Aktivitäten, die mit diesem Ziel zu tun haben. Anstatt es wieder und wieder anzugehen. Wenn Sie durch eine Mauer gehen wollen, können Sie auch nicht aufhören die Steine, zu bearbeiten, oder Sie werden die andere Seite der Mauer nie sehen können, auch nicht das Gefühl des Triumphes spüren können, das sich einstellt, wenn Sie etwas geschafft haben. Bleiben Sie dran.

Überwinden Sie die Schwierigkeiten und wachsen sie. Wenn sie immer wieder vermeiden, etwas Neues anfangen, kommen sie nicht weiter. Ich glaube auch, das eine Lebensregel ist, dass Dinge oder Schwierigkeiten immer wieder auftauchen, bis wir sie erledigt haben.

Kleinste Ziele

Die meisten Menschen scheitern mit ihren Zielen, weil Sie die Ziele einfach unrealistisch hoch ansetzen. Wer sich vornimmt, mit einer Diät 10 Kilo in kurzer Zeit, abzunehmen, muss zwangsläufig scheitern.

Wer noch nie einen Halbmarathon gelaufen hat, wird mit dem Ziel Marathon zu laufen, scheitern.

Fangen Sie mit kleinen Zielen an. Statt 10 Kilo abnehmen zu wollen, sagen Sie sich 2 Kilos wären toll. Die Wahrscheinlichkeit, dieses Ziel zu erreichen, ist viel größer als das Maximalziel von 10 Kilo, wenn Sie dann die 2 Kilo abgenommen haben, bleibt es ihnen ja unbenommen weiter an Gewicht zu verlieren.

So ist es mit allen Zielen, bleiben Sie realistisch. Was ist wirklich zu erreichen? Wäre es für einen Laufanfänger nicht ein tolles Ziel, eine halbe Stunde durchzulaufen? Muss man gleich den ganzen Keller aufräumen, was man sowieso nicht schafft, ein Raum oder ein Regal wäre ein realistisches Ziel.

Nehmen Sie weniger, dann ist die Chance größer überhaupt etwas zu erreichen.

Zu viele Ziele

Kennen Sie das, sie sind den ganzen Tag beschäftigt und die To-do-Liste wird immer länger. Woran liegt das? Jeder von uns hat vielfältige Rollen und daraus ergeben sich auch Verpflichtungen. Viele sind Vater oder Mutter, Bruder und Schwester, Kinder und Freunde. Daraus ergeben sich viele Verpflichtungen. Ich bin zum Beispiel Vater, Opa, Bruder, Partner und Sohn. In diesen Rollen lebe ich und versuche meine Verpflichtungen die sich daraus gegenüber meinen Kindern und meinen Eltern ergeben, gerecht zu werden. Dazu kommt dann die Arbeit, die Fahrt dorthin, Freizeitgestaltung und die Zeit mit der Partnerin. Dann ist der Tag schon voll, wenn jetzt noch selbst gesteckte Ziele dazukommen, kann es schon mal eng werden. Darum sollten Sie sich auf ein Hauptziel konzentrieren. Eine Sache zur Zeit. Wenn Sie ein Buch schreiben wollen, dann schreiben Sie. Wenn Sie für einen Marathon trainieren wollen, dann trainieren Sie für einen Marathon. Beides zusammen wird schon mal schwierig. Wie in den vorherigen Kapiteln geschrieben, entscheiden Sie sich für ein Ziel und bleiben Sie da dran, bis es erledigt ist. Alles, was sie vorhaben, ist in ihrem Kopf in ihrem Absichtsgedächtnis gespeichert. Viele lose Enden von:" Müsste, könnte, sollte ich tun." Sind in ihrem Gehirn präsent. Das kann natürlich schon mal zu zeitweiliger Verwirrung führen. Darum sollten Sie versuchen die Anzahl dieser Absichten zu reduzieren.

Einige Ziele streichen, die unrealistisch sind. Andere, einfach erledigen! Es gibt auch kleine Ziele, die man relativ schnell erledigen kann. Versuchen Sie sich, Hilfe bei Aufgaben zu holen oder besser noch Aufgaben ganz zu delegieren, wenn das möglich ist.

Perfektion ist der Tod von allem

Gut ist gut genug. Um perfekt zu sein, ist der Aufwand zu groß. Vor allen Dingen scheitern viele Menschen an dem Anspruch von Perfektion an sich selber. Wenn Sie ihn nicht erfüllen können, dann lassen Sie das ganze Projekt scheiter, anstatt mit einem guten Projekt fertig zu werden. Fatal ist dann auch die Neigung, wenn man einmal vermeintlich gescheitert ist, nichts mehr in dieser Richtung zu beginnen. Perfektion beginnt schon beim Anfangen. Menschen die Perfektion suchen, wollen auch perfekt starten. Sie bereiten sich vor, was naturgemäß etwas länger dauert. Während andere schon auf der Reise sind, sucht der Perfektionist noch bei Google nach Bewertungen. Perfektionisten sind meist keine Macher. Macher starten minimalistisch und ändern dann den Kurs, wenn Sie sehen, dass nachgesteuert werden muss. Kommen so aber an ihr Ziel, während Perfektionisten denken das Leben ist eine Bahnhofshalle, in der der Lebenszug nach Fahrplan fährt. Gerade das Gegenteil ist der Fall.

Machen Sie weiter, wo Sie aufgehört haben

Ich kenne das von mir selber, wenn ich ein Thema habe, fange ich begeistert an. Dann wenn eine Pause oder Unterbrechung kommt, verliere ich das ursprüngliche Thema aus den Augen und beginne mit einem neuen Thema. Obwohl ich in das andere Thema schon einige Arbeit und auch Energie gesteckt habe. Intelligenter wäre es, eine Arbeit endgültig abzuschließen. Statt immer etwas halb fertig herum liegen zu haben. Wahrscheinlich kennen Sie das auch aus ihrem Leben. Schließen Sie die Dinge ab. Schreiben Sie alle angefangenen Projekte auf. Besorgen Sie sich dazu einen DIN-A fünf Ordner. Schreiben Sie auf, was sie gerne machen würden, oder schon mal bearbeitet haben. Dann streichen Sie die Dinge, die in ihrem Leben jetzt nicht relevant sind und auch nicht passend. Jetzt nehmen sie ihr Herzensprojekt. Ist es der Motorradführerschein oder der Marathon, vielleicht ein Buch. Schreiben Sie dieses Projekt ganz oben auf eine neue Seite. Schreiben Sie darunter die Punkte, die erfüllt sein müssen, um dieses Ziel zu erreichen. Jetzt terminieren Sie die Punkte in ihrem Kalender. Fangen Sie morgen an, mit einem kleinen Schritt. Bleiben Sie dran. Wer jeden Tag einen kleinen Schritt in die richtige Richtung tut, wird ankommen. Wer immer wieder zurückgeht, kommt nirgendwohin. Kleine Schritte in die richtige Richtung, führen immer zum Ziel. Jeden Tag etwas für ihr neues Projekt, und sie werden Erfolg haben. Was unterscheidet denn den erfolglosen von dem erfolgreichen Menschen? Der erfolgreiche Mensch ist dran geblieben und hat das richtige getan. Der erfolglose Mensch, war auch fleißig, aber nicht in der richtigen Richtung. Sie können alles erreichen, solange sie lebendig sind. Sie müssen es nur machen! Nehmen Sie die Dinge im wahrsten Sinne in die Hand und machen Sie.

Fangen Sie nicht immer etwas Neues an

Sie kennen bestimmt auch einen oder mehrere Menschen, die ständig etwas Neues vorhaben, aber nie ihre Vorhaben abschließen. Wenn Sie auf eine Sache keine Lust mehr haben, suchen Sie ein neues Projekt. Dann wird allen Leuten erzählt, dass man jetzt Klavierspielen lernt, eine neue Ausbildung starten will, eine exotische Reise plant, oder etwas anderes ganz tolles und extravagantes plant. Natürlich hört man nach einiger Zeit nichts mehr von dem tollen Projekt, auf Nachfrage gibt der Betroffene dann an, durch äußere Umstände, die er nicht beeinflussen kann gehindert worden zu sein. Er aber nicht traurig ist, sondern mit Feuereifer sein neues Projekt verfolgt, das ganz bestimmt etwas Tolles wird.

Machen Sie es gleich richtig

Machen Sie es gleich richtig heißt, Sie sollen es nicht versuchen oder probieren. Sie können einen guten Wein probieren, aber das Leben kann man nicht versuchen. Man kann es bewusst leben aber es gibt keinen Versuch. Gleich richtig machen, bedeutet so professionell es geht. Sie sollen sich bewusst werden das es kein Probestück ist, sondern gleich das Richtige. Im Leben hat man nur eine Zeit, die ist immer jetzt. Gestern ist gewesen, was morgen ist, wissen wir nicht. Darum machen Sie es jetzt aber gleich richtig. Wer schon mit: „Ich versuche es mal" an eine Sache rangeht, hat nicht die richtige Einstellung und wird scheitern. Seien Sie mit Begeisterung, aber auch mit dem nötigen Ernst bei der Sache. Zum Spielen ist die Zeit, die uns bleibt zu kurz.

Sie sind schon in der richtigen Stimmung

Wenn ich frage, warum die Leute nicht mit ihrem Projekt starten ist die Antwort oft: „Ich bin noch nicht in der richtigen Stimmung." Wenn ich dann Frage, wann die richtige Stimmung da ist, haben Sie meist keine Antwort. Wahrscheinlich haben Sie keine Lust zu handeln. Auf die richtige Stimmung zu warten kann lange dauern. Man braucht keine richtige Stimmung, sondern startet, wenn man sich entschieden hat. Egal wie die Stimmung ist. Gerade das jedoch unterscheidet den Erfolgreichen vom Looser. Der Erfolgreiche schafft es auch bei Widrigkeiten sich, zum Handeln zu motivieren, sie wissen, dass es nicht besser wird. Erfolg kommt von Folgen. Dazu bedarf es einer Ursache. Alles andere ist dann eine Frage von Kausalität und Zufall. Die richtige Stimmung zu suchen ist eine Ausrede um die eigene Faulheit in ein anderes Mäntelchen zu kleiden.

Morgen ist auch noch ein Tag

Eine beliebte Ausrede bei Menschen die Aufschieben, ist:" Mache ich morgen, heute war der Tag zu anstrengend, ich bin müde" und so weiter. Natürlich wird es am nächsten Tag nicht besser sein, als heute. Im Grunde sind die meisten Tage gleich. Es ändert sich wenig. Doch die Anstrengung des Handelns auf morgen zu verschieben hat 2 Vorteile. Es gibt eine sofortige Erleichterung und das Gewissen ist auch beruhigt. Ich mache es ja schließlich morgen. Das der nächste Tag natürlich, dann wieder ein heute ist, auf dem dann wieder ein Morgen, also von heute auf übermorgen folgt, stört da nicht. Wenn man sich auf eine andere Ebene begibt, kann man den Trugschluss sofort sehen. Überhaupt ist Aufschieben einer der größten Lebens Verhinderer überhaupt. Verschieben Sie nicht auf morgen.

Laden Sie sich weniger auf, wenn Sie ihre Todoliste nicht abarbeiten können. Das, was sie sich vornehmen sollten Sie auf jeden Fall erledigen. Es geht um ihre Selbstwirksamkeit, wie viel können Sie sich zutrauen, wenn Sie immer wieder kneifen, wenn es darauf ankommt.

Also morgen ist auch ein Tag, doch heute wird gehandelt.

Geben Sie dem Zufall eine Chance

Haben Sie schon einmal überlegt, wie Neues in die Welt kommt? Meist spielt der Zufall eine große Rolle. Doch der Zufall kann nur eine Chance haben, wenn Sie im Außen sind. Aus ihrem Inneren kommen Träume und Ideen, im Außen wird es verwirklicht und der Zufall kann ihnen helfen ihre Ziele zu erreichen. Dazu müssen Sie sichtbar in der Außenwelt sein. Wie viele Menschen haben sich durch Zufall kennen und Lieben gelernt. Wie viel Entdeckungen und Erfindungen wurden durch den Zufall möglich, denken Sie an das Penicillin, deren Entdecker Proben über das Wochenende in seinem Laboratorium vergessen hatte. Am Montag sah er dann die, welche Wirkung der Schimmelpilz hatte. Alles andere ist Geschichte. Starten sie also jetzt und geben Sie dem Zufall eine Chance. Es geht immer um Möglichkeiten.

Du hast nur eine Zeit

Jeder Mensch hat nur eine Zeit. Die begrenzt ist. Leben nach dem Tode hört sich für mich komisch an. Ich denke, Leben hat nur eine schmale Grenze zum Tod, der immer neben dem Lebendigen als Möglichkeit, Begrenzung und Abschluss steht. Leben ist im Kosmos die große Ausnahme. Tote, nicht beseelte Materie ist die Regel. Dieses unser leben ist so kostbar, leider wird vielen ihr wahrer Wert erst bewusst, wenn Sie aus dem Leben heraustreten müssen. Diese Erkenntnis kommt dann zu spät, um sein Leben nochmals sinnvoll zu leben. Ich versuche, mir diesen Umstand jeden Tag bewusst zu machen, um dann zu erkennen, wie wertvoll dieser eine Tag meines Lebens ist. Denken Sie darüber nach, wenn Sie dabei sich über Kleinigkeiten aufregen oder den Tag wieder ergebnislos dahin gehen zu lassen. Handeln Sie, warten Sie nicht auf irgendetwas, es wird nicht passieren. Machen, machen es gibt nichts Besseres.

Worauf warten Sie

was denken Sie, wann der richtige Zeitpunkt für den Start von ihrem Projekt ist? Morgen, nächste Woche oder in einem Monat. Ich sag es Ihnen, jetzt! Jetzt ist der richtige Zeitpunkt, um zu starten. Auf was wollen sie auch warten? Was könnte morgen besser sein als heute? Denken Sie, dass es in einer Woche besser aussieht als heute? Nein, höchstens schlechter. Heute ist der Tag für alles. Gestern ist Geschichte. Nur noch in ihrem Kopf vorhanden, als Gedächtnisspur. Morgen, liegt in weiter Ferne. Wer weiß, was morgen ist? Sie bestimmen immer nur die Gegenwart. Die Gegenwart ist jetzt und jetzt und jetzt. Immer wenn Sie daran denken. Und wären Sie daran denken, handeln sie. Warten Sie nicht. Warten Sie auf niemanden. Der Einzige auf den sie sich hundertprozentig verlassen können, wenn es so ist, sind sie selber. Alles andere ist abgeben der Verantwortung und reine Spekulation. Theoretisch können Sie alles, das was andere Menschen auch können. Allerdings werden sie für einige Dinge lange Zeit üben müssen. Oder können Sie aus dem Stand einen Airbus 380 fliegen? Ich denke nein. Allerdings können Sie anfangen, zu schreiben, wenn sie das möchten. Sie können anfangen zu laufen, wenn sie das möchten. Sie müssen sich nur überwinden, es zu tun.

Erwarten Sie den Schmerz und fangen Sie an

wenn man in der Komfortzone ist, wird Veränderung schwierig. Alles, was eine Veränderung ist, also diesen komfortablen Zustand in dem wir uns befinden beendet, schmerzt. Wenn sie schön gemütlich auf dem Sofa liegen, mit einer Tüte Chips im Arm ist die Welt doch in Ordnung. Jetzt sich die Laufschuhe anzuziehen und nach draußen zu gehen ist unangenehm, kalt und anstrengend. Es könnte sogar regnen. Jetzt rausgehen, da schickt man nicht mal den Hund vor die Tür. Doch gerade das zeichnet den Macher aus. Er erwartet den Schmerz, wer 42 km am Stück laufen möchte, muss schmerzunempfindlich sein. Denken wir noch einmal an dem Boxer, der in den Ring geht. Er weiß genau, dass er gleich richtig Schläge bekommt, aber er lacht. Er freut sich über das viele Geld, was er gleich verdient haben wird. Die Schlägerei ist sein Job. Vielleicht gewinnt er aber auch, trotzdem bekommt er einige derbe Hiebe ab. Meinen Sie Fußballspielen wäre lustig? Nein, ich glaube, dass es im Gegenteil ziemlich anstrengend ist. 90 Minuten durchzuhalten. Denken Sie mal an Soldaten. Die im Dunkeln lange Märsche machen müssen. Ihr Job ist es ihr Leben zu riskieren. Sie müssen Schmerzen aushalten. Neudeutsch heißt das glaube, ich Resilienz aufbauen. Schmerz steigert sich nur bis zu einer bestimmten Höhe. Danach geht er wieder runter. Erwartet man den Schmerz und bleibt man in diesem Schmerz, verschwindet er wieder. Das schlimmste, was man versuchen kann, ist Schmerz zu vermeiden. Dann wird es richtig schlimm. Ich unterscheide zwischen richtigen Schmerzen und einfach etwas Unangenehmes. Zum Lauftraining nach draußen zu gehen ist unangenehm, wenn es kalt ist und regnet. Nach 10 km eine Blase zu bekommen und trotzdem weiter zu laufen schmerzt. Doch es gibt einen Punkt, nachdem wird es schmerzlos,es geht einfach weiter. Doch die Kunst ist diesen Punkt überschreiten zu können. Man ist in seinen Gedanken und merkt den Schmerz nicht mehr. Man ist darüber hinweg. Wer also den Schmerz erwartet, sich freut, wenn er sich einstellt, weil er weiß, dass er dann etwas bewirkt, der kommt weiter. Wer Schmerzen vermeiden will, entwickelt sich nicht weiter. Natürlich gibt es einige Projekte die nicht gesundheitsfördernd sind. Wie Bergsteigen, 40 km laufen und Motorradfahren. Doch gerade solche Extremsituationen, bringen einen an seine Grenze und darüber hinaus. Man weiß, man schafft es. Und die Bewältigung solcher Situationen, geben einen auch im Alltag so viel Kompetenzen und die Gelassenheit, das zu schaffen was man sich vorgenommen hat. Gehen Sie über ihre Grenze, sie werden nicht sterben. Glauben Sie mir. Es geht weiter, die kommen gestärkt zurück. Man stirbt nicht so einfach. Ihr Körper ist eine Maschine, ihr Geist nicht. Ihr Körper kann alles, was ihr Geist von ihm verlangt. Der Körper wartet, aber der Geist ist schwach und zögert.

Schalten Sie die Ablenkungen aus

In unserer Spaßgesellschaft lauern an jeder Ecke Ablenkungen. Ich sage extra Spaßgesellschaft, weil dieser Gesellschaft ein gewisser Ernst fehlt. Ich bin ein Kind der Fünfzigerjahre, wenn ich mir manche Männer mittleren Alters anschaue, dann denke ich diese jungen Menschen werden nicht erwachsen oder wollen nicht erwachsen werden. Ihnen fehlt der nötige Ernst und auch das Gefühl, Verantwortung zu übernehmen. Sie wollen ewigen Spaß, wie Peter Pan nicht erwachsen werden. Ich denke, dass zum Beispiel auch Kinder wichtig für das eigene Erwachsenwerden sind. O. k., ich bin jetzt etwas vom eigentlichen Thema abgewichen. Ablenkungen lauern an jeder Ecke, die größte Ablenkung tragen wir jeden Tag mit uns herum. Das ist das Handy. Schalten Sie es aus. Melden Sie sich bei Facebook und WhatsApp ab. Rufen Sie Ihre E-Mails du noch zweimal am Tag ab. Wer eine Diät macht, sollte keine Süßigkeiten im Hause haben. Bauen Sie an Ihren Fernseher eine Zeitschaltuhr. Die können sie zwar außer Gefecht setzen, aber es ist ein Hindernis. Wenn Sie Ihre Ablenkungen ausgeschaltet haben, machen Sie sich Handeln einfach. Wenn Sie schreiben wollen, haben Sie immer einen Block und ein Schreiber parat. Wenn sie am nächsten Tag laufen wollen oder ins Studio, nehmen Sie die Klamotten entweder mit oder stellen Sie Ihre Laufschuhe ans Bett. Damit sie nicht vergessen, was eigentlich ihre ursprüngliche Absicht war. Handeln ist einfach. Sie müssen nur daran denken, nicht wieder vergessen, was sie eigentlich vorhaben und es dann auch machen. Selbst wenn es schmerzt, selbst wenn sie nicht wissen, ob es überhaupt etwas bringt. Alleine aus dem Grund, dass sie es sich selbst vorgenommen haben. Wem wollen Sie denn Vertrauen, wenn sie sich nicht selber vertrauen können? Ablenkung und verzetteln sind die

Freunde des Aufschiebens. Seien Sie klar und gehen Sie den geraden Weg. Jeden Tag ein paar Schritte und sie werden unaufhaltsam. Wie werden denn Kathedralen gebaut, Stein auf Stein. Und wie ist man einen Elefanten? Biss für Biss. Es liegt ganz an ihnen, ob sie Erfolg haben oder nicht. Kein anderer Mensch entscheidet das außer ihnen selber. Menschen haben schon unter den schwierigsten Umständen übermenschliche Leistungen erbracht. Das Guinness-Buch der Rekorde ist voll davon. Menschen, die sich nicht geschont haben, jahrelang trainierten, um dann eine herausragende Leistung zu bringen. Auch wenn sie das an ihre Grenzen und über diese Grenzen drüber hinweg gebracht hat. Sie haben es geschafft! Ich wünsche Ihnen das auch, einmal das Gefühl, eine herausragende Leistung gebracht zu haben. Und wenn es nur das abendliche aufraffen zur Laufrunde ist. Viele Menschen tun das nicht, mit sehr negativen Folgen für ihre Gesundheit Diabetes Typ zwei zum Beispiel. Machen Sie.

Sie haben alles, was sie brauchen

Manche Menschen, würden gerne anfangen, aber immer fehlt Ihnen irgendetwas. Es ist nie die richtige Zeit oder der richtige Ort, um zu starten. Sie warten immer nach auf einen besonderen Moment oder auf irgendetwas das nach zu Ihnen kommen muss. Sie sind zwar hochmotiviert, können das aber nicht umsetzen. So sitzen sie ihr Leben lang in den Startlöchern. Ohne jemals etwas Bedeutendes abzuschließen. Natürlich ist immer die Umwelt schuld. Selbst Verantwortung für Scheitern auf sich zu nehmen liegt ihnen fern. Fangen Sie an und ziehen sie durch. Sie haben alles, was sie brauchen. Wenn nicht können Sie es sich immer noch besorgen. Warten Sie nicht auf dem besonderen Moment, strengen sie sich an! Meistern Sie sich selbst!

Keine Angst vorm Versagen

Viele Menschen haben Angst ein Fehler zu machen. Darum machen Sie lieber gar nichts. Wer nichts macht, kann auch nichts verkehrt machen. Das stimmt zwar, aber wer nichts tut, wird auch nie Ergebnisse erzielen. Haben Sie keine Angst einen Fehler zu machen. In meiner Welt gibt es keine Fehler, sondern nur Lernerfahrungen. Jeder Fehler gibt Ihnen die Chance besser zu werden. Denken Sie mal an ein kleines Kind, das laufen lernt. Es fällt ständig hin, rappelt sich dann aber immer wieder auf, bis es schließlich perfekt laufen kann. Je mehr sie machen, und natürlich auch je mehr Fehler sie machen, desto besser werden sie eigentlich. Diese panische Angst vor Fehlern liegt in unserer Kultur. Sie hindert die Menschen an der vollen Entfaltung ihres Potenzials. Schade eigentlich! Menschen könnten viel mehr leisten und Ergebnisse erzielen, hätten sie nicht immer so die Angst vor der Bewertung anderer Menschen. Dabei ist es egal, was andere Menschen über einen selbst denken. Viel wichtiger ist, doch was man selbst über sich denkt. Das, was man selbst über sich denkt, kann aber auch zu einer sich selbst erfüllende Prophezeiung werden. Denkt man, das wird heute sowieso nichts, wird man Recht haben. Denkt man andersherum, ich schaffe heute mein Pensum, wird man genauso Recht haben. Darum ist es so wichtig, das richtige Denken zu üben. Sein sie positiv. Meine Überzeugung ist, wer positiv nach vorne geht, kommt weiter. Wer immer vom Schlechtesten ausgeht, wird nicht ins Handeln kommen, und keine Ergebnisse erzielen. Also, machen Sie. Was andere denken ist uninteressant.

Mehr Mut

Mutig zu sein, heißt nicht, keine Angst zu haben! Nein, ganz im Gegenteil. Mutig sein bedeutet trotz seiner Angst zu handeln. Dem mutigen Menschen gehört die Welt. Das stimmt. Der Mut lässt einen Grenzen überschreiten. Dann kommen wir wieder zu dem Thema,den Zufall ins Leben zu holen. Wer handelt, sich im außen zeigt, gibt der Welt Gelegenheit ihn zu unterstützen. Indem man im außen ist, also Kontakt mit anderen Menschen bekommt, lässt man den Zufall in sein Leben. Andere Menschen können einem wieder wichtige Impulse und Unterstützung geben. Es gibt da draußen eine Welt von Möglichkeiten und Chancen. Die wir von hier nicht sehen können. Dadurch dass man sich nach außen öffnet, was natürlich auch wieder Gefahren birgt, gibt man dem positivem Zufall eine Chance. Oder sagen wir, es bieten sich neue Perspektiven und

Gelegenheiten. Machen Sie mehr, egal was sie vorhaben. Suchen Sie eine Partnerin, sein sie auf mehreren Portalen aktiv. Schalten Sie eine Anzeige. Lassen Sie diese Anzeige wiederholen. Suchen Sie ein Job? Schreiben Sie Bewerbungen, Blindbewerbungen, geben Sie eine Anzeige auf, schreiben Sie einfach Firmen die passen könnten, an. Es wird sich etwas ergeben! Sie müssen nur dranbleiben, wie ich oben schon geschrieben habe, wer dran bleibt gewinnt. Wer immer wieder aufgibt, kommt kein Stück nach vorne. Ich bin davon fest überzeugt und dass dieser Glaube hat mich immer weitergetragen. Leben besteht immer auch aus Schritten nach vorne auf unsicheren Grund. Doch ich zögere nicht, weil ich die Gewissheit habe, dass der Boden mich trägt.

Loslassen

Irgendwann, muss man die Arbeit, das Projekt, mit dem man sich beschäftigt hat, loslassen. Wenn ich zum Beispiel ein Buch schreibe, könnte ich immer irgendetwas verbessern. Selbst wenn ich das Buch nach zwei Jahren noch einmal lese, fällt mir immer wieder ein Kapitel oder ein Absatz auf, den ich jetzt vielleicht anders schreiben würde. Doch irgendwann ist das Produkt gut genug. Über Perfektion habe ich schon geschrieben, die sehr schwer zu erreichen ist. Wenn das Produkt, das Buch, die Zeichnung, das Modell, was auch immer fertig ist, muss man es loslassen. Man muss es in die Öffentlichkeit bringen oder dort, wo es sein sollte. Nacharbeiten kann man später immer noch, wenn sich das wirklich als nötig herausstellen sollte. Wer nicht loslässt, wird nie fertig. Er hat immer Produkte oder Dinge in der Schwebe. Scheut sich aber diese Dinge herauszubringen. Weil dann müsste er sich ja der Öffentlichkeit und damit auch der Kritik stellen. Was ist dabei? Nur so kann man besser werden. Doch viele haben Angst vor Kritik, und bringen sich damit um die Früchte ihrer Arbeit. Außerdem kann man sich schlecht weiter entwickeln und Erfolg haben, wenn man nicht produktiv ist. Produktiv ist man aber erst, wenn man etwas geschaffen hat.

Abschließen und Stolz sein

wenn sie losgelassen haben, können Sie endlich ihr Projekt abschließen. Jetzt haben sie auch allen Grund dazu, stolz zu sein. Sein sie immun gegen Kritik. Als ich mein erstes Buch geschrieben hatte, das war 2006, meinte mein Schwager zu mir, wie viel Seiten das Buch denn hätte? Ich sagte 108, da meinte er, dass das ja wohl nicht so schwierig gewesen wäre. Ja, aber er selber hatte noch nie irgendetwas zu Papier gebracht. Kritiker, müssen es erst mal besser machen. Lassen Sie sich von Kritik nicht beeinflussen. Manche ist konstruktiv und bringt ein weiter. Wer Erfolg hat, hat aber auch viele Neider. Damit muss man leben. Gehen Sie weiter ihren Weg und wachsen sie.

Es gibt keine Fehler, nur Lernchancen

In meiner Welt gibt es keine Fehler. Es gibt nur Chancen zum Lernen. Wer arbeitet, macht zwangsläufig nicht immer alles richtig. Wir sind Menschen und keine Götter. Also wer sagt, er macht keine Fehler, kann noch nicht arbeiten. Ich versuche meine Fehler erstens: nur einmal zu machen und zweitens: daraus zu lernen. Warum habe ich diesen Fehler gemacht? War es Zeitnot oder Flüchtigkeit. Wie kann ich verhindern, dass dieser Fehler noch einmal auftaucht? Fehler sind Lernchancen, wenn man ein Schritt dann zurücktreten kann und darauf guckt, sieht man woran es gelegen hat. Ich finde Fehler nicht schlimm. Leider sehen das viele Menschen ganz anders. Wie soll man sich denn dann weiter entwickeln, wenn man keine Fehler machen darf? Das würde bedeuten, dass man sich nicht viel bewegen kann und immer alles nach Schema F macht. Wenig Platz für Innovation und Veränderung. Denken Sie darüber nach, über ihre Fehler und seien sie milde mit sich.

Probleme sind lösbar, Umstände nicht

Es gibt Probleme, die definitionsgemäß lösbar sind und Umstände, die man nicht auflösen kann. Umstände ist zum Beispiel das Wetter, Gesetze, Menschen. Probleme ist zum Beispiel ein defektes Auto. Eine Aufgabe. Etwas, das defekt ist kann man wieder reparieren. Gelassen wird man, wenn man den Unterschied erkennt. Und nicht gegen etwas ankämpft, das nicht zu ändern ist. Jeden Tag höre ich Menschen über irgendetwas jammern. Ich nenne es den Jammerchor. Wer im Jammerchor ist, hat viele Kollegen. Man kann über alles jammern, nur es bringt einen kein Stück weiter. Genau wie die Schuldigen suche.

Zweifeln Sie nicht

Selbstzweifel und Zweifel überhaupt, sind der Feind eines Machers. Wer immer Zweifel, ob er das Richtige tut, hat keine Energie. Wer nicht weiß ob das richtig oder falsch es, was er gerade machen will, kann nicht starten. Zweifeln Sie nicht. Wenn Sie eine Entscheidung getroffen haben, ziehen Sie es durch. Tun Sie es einfach. Was soll passieren? Sie werden nicht sterben. Und wenn, tja, manchmal ist das so. Aber was ist wichtiger, die Anzahl der Jahre im Leben zu vergrößern. Oder mehr Leben in die Jahre die man hat zu bringen. Natürlich ist es besser, etwas Action ins Leben zu bringen. Wer will schon ewig leben? Der Tod, macht doch das Leben so wertvoll. Er ist es doch, der uns dazu zwingt unser Leben zu gestalten. Ohne den Tod könnten wir ewig so weitermachen. Nur die Begrenztheit des Lebens, zwingt uns doch permanent über seine Gestaltung nachzudenken. Wenn es den Tod nicht geben würde, brauchte ich dieses Buch nicht zu schreiben. Dann wäre sowieso alles egal. Wir hätten unendlich viel Zeit und Langeweile. Jetzt haben wir keine Zeit und deswegen sollten wir uns auch keine Langeweile gönnen. Zweifeln Sie nicht, tun sie das, was sie sich vorgenommen haben. Bleiben Sie dran. Geben Sie nie auf! Immer wieder aufstehen und weitermachen. Es ist schon ein halbes Jahr her, dass sie das letzte Mal gelaufen haben? Macht nichts, fangen sie morgen wieder an. Sie haben vor einem Jahr 30 Seiten geschrieben, super! Holen Sie sich Ihr Manuskript zurück, es ist irgendwo auf Ihrem PC gespeichert und machen Sie weiter. Vollenden Sie, schließen Sie ab! Hauen Sie es raus. Melden Sie sich bei Marathon an. Machen Sie ein Motorradführerschein. Tun sie das, was sie schon immer tun wollten, aber machen Sie es richtig. Geben Sie Vollgas, seien sie begeistert. Es wird etwas, ich weiß es! Sie wissen es auch! Auf was warten Sie machen Sie jetzt.

Wenn Sie mit einer Sache absolut nicht weiterkommen, machen Sie etwas anderes, erst mal

Wenn Sie mit einer Sache nicht weiterkommen, absolut. Weil es eventuell nicht in ihrer Macht liegt. Weil sie sonst wie gehindert sind. Machen Sie etwas anderes. Nehmen Sie das zweite Ziel auf ihrer Liste. Verharren sie nicht in der Passivität. Nichts tun ist der Anfang von Lethargie und das Ende ihrer Träume. Seien Sie in Bewegung. Tun sie immer etwas. Seien

Sie proaktiv. Haben Sie immer einen Handlungsplan dabei? Was kommt als Nächstes? Was ist der nächste Schritt? Bleiben sie nicht vor der Mauer stehen. Nehmen Sie Anlauf und vielleicht einen Stab eventuell können Sie die Mauer überspringen. Wenn nicht nehmen Sie Pflaster und einen Helm. Menschen die absolut nichts tun, sind wirklich bedauernswert. Nicht nur, dass sie nicht selbst wirksam sind, sie werden auch jeglichen Erfolgserlebnissen beraubt. Wie will ein Mensch, der nichts handelt, jemals ein Erfolgserlebnis haben? Wie will er Kompetenzen aufbauen? Nein, ich bedaure Menschen, die arbeitslos sind. Weil ihnen wird jede Chance auf ein gesundes Selbstwertgefühl und Freude über Erfolge genommen. Bleiben Sie immer in Bewegung, denken Sie daran. Stillstand ist Tod, Bewegung ist Leben. Ständige Veränderung ist unser Leben. Veränderung bedeutet Anpassung und Chance. Eine Umwelt, die sich ständig verändert, braucht Individuen, die sich ebenso verändern können. Abwarten, ist etwas für Verlierer. Gewinner schaffen sich ihre Chancen selber.

Der Wille

Wie kommen Sie jetzt konkret zum Handeln? Es ist ja alles schön und gut, der theoretische Überbau steht, doch wie setze ich es um. Zunächst ist es wichtig zwischen Wunsch und Wille zu unterscheiden. Viele Leute hätten gerne andere Verhältnisse oder wünschten sich ihre Umwelt und sich selber anders. Wünsche sind vage und nicht verbindlich. Während ein Wille und unhintergehbar ist. Ein Wille ist eine Selbstverpflichtung. Wer will, ist nicht mehr aufzuhalten. Wir brauchen den Willen, um ins Handeln zu kommen. Willen und Zweifeln sind nicht miteinander vereinbar. Ein Wille braucht natürlich Klarheit. Um aus einem Wunsch einen Willen zu machen, muss man klar sein und eine Entscheidung treffen. Bauen Sie einen starken Willen auf. Je mehr sie ihren Willen durchsetzen, auch und gerade gegenüber sich selbst, desto willensstärker werden sie.

Der Affengeist

Der Geist ist wie ein Affe. Vielleicht sollte ich besser sagen, die Aufmerksamkeit ist wie eine ganze Affenbande. Die Aufmerksamkeit, springt hin und her. Wir müssen immer die Konzentration bemühen, um bei der Sache zu bleiben. Abschweifen es leicht, besonders wenn die Aufgabe schwierig zu bewältigen ist. Holen Sie Ihre Aufmerksamkeit zurück. Schirmen Sie Ihre Aufmerksamkeit ab. Das bedeutet, alles in ihrer Umwelt, dass sie ablenken könnte, auszuschalten. Es gibt nichts Wertvolleres als ihre Aufmerksamkeit. Dort wo ihre Aufmerksamkeit ist, ist ihre Energie.

Der Handlungsimpuls

Jeder Handlung geht ein Impuls voraus. Entweder durch eine Gewohnheit, die durch einen Trigger ausgelöst wird, oder durch eine bewusste Entscheidung. Ich gehe jetzt einkaufen. Ein triviales Beispiel. Um diesen Willen, einkaufen zu gehen, umzusetzen müssen Sie diesen Handlungsimpuls so lange aufrechterhalten, bis sie im Geschäft sind. Zwischendurch haben sie aber 1 Million andere Optionen. Es könnte sein, dass gerade ein Freund von Ihnen anruft. Sie schauen auf ihr Handy und haben eine interessante Nachricht bekommen. Sie müssen diesen Handlungsimpuls gegenüber allen anderen Möglichkeiten abschirmen. Das geht, indem sie ihn so schnell wie möglich umsetzen. Wissen dass sie gefährdet sind. Ja, es nützt schon, dass man weiß, es gibt Gefahren und wo sie lauern. Es gibt auch einen Trick. Wenn die Ausführung nicht allzu weit entfernt ist, können Sie sich immer das was sie ausführen müssen vor sagen. Ich muss jetzt einkaufen. Oder den nächsten Schritt. Ich suche meine Einkaufstasche. Ich gehe zum Auto. Damit machen Sie Ihren exekutiven Speicher voll. Sie können immer nur einen Gedanken zur Zeit denken. So blockieren sie ihr Gehirn für andere Gedanken. Und kommen so letztlich zur Ausführung.

Die Umsetzungskraft

Der Wille und die Kontrolle des Handlungsimpulses, versetzen Sie in die Lage, ihre Umsetzungskraft zu stärken. Umsetzungskraft, die Fähigkeit ihre Ziele zu erreichen ist ausschlaggebend für ihren Erfolg im Leben. Wenn Erfolg von Folgen kommt. Trainieren sie ihren Willen, kontrollieren sie ihre Aufmerksamkeit, ihre Impulse und lassen Sie sich nicht ablenken. Bauen Sie so eine starke Umsetzungskraft auf. Ich sage nicht wie andere Autoren, dass sie ihre Umwelt kontrollieren sollen. Was per Definition schon schwierig ist. Wichtig ist, dass sie sich selbst kontrollieren können. Und wenn die ganze Welt um sie herum brennt, sie sollten die Ruhe bewahren. Meditation kann dabei helfen.